Un manual del meditador

Cómo desatar nudos

Bill Crecelius

Vipassana Research Publications

Vipassana Research Publications
Una impresión de

Pariyatti Publishing
www.pariyatti.org

ISBN: 978-1-68172-265-8 (softcover)
ISBN: 978-1-68172-266-5 (ePub)
ISBN: 978-1-68172-267-2 (Mobi)
ISBN: 978-1-68172-268-9 (PDF)
Library of Congress Control Number: 2019942887

Diseño de portada e ilustraciones de nudos
www.danielhaskett.com

Contenido

Prólogo   v

Agradecimientos   vii

Introducción   1

Dejemos las cosas claras   5

El comienzo   7

Meditaciones diarias   11

Una gran distracción   19

Apoyo del Dhamma   23

Amigos del Dhamma   29

Toma de decisiones   33

Continúa comprendiendo *Anicca*   37

Bingo Bango *Bhaṅga*   41

La paradoja de los *Pāramī*   45

Mettā y tú   55

Lo que se puede aprender de los libros   59

Resumiendo   63

Apéndice I: Crear un área de meditación en casa   67

Apéndice II: Libros recomendados sobre el Dhamma   70

Centros de meditación Vipassana   72

Prólogo

Llegamos a Bombay alrededor de las 7 de la tarde después de un vuelo desde Dubái. Nuestros amigos nos esperaban en el aeropuerto para llevarnos a comer a su restaurante favorito. Fue una tarde muy agradable. Mi esposa Anne no se sentía bien, así que se fue a casa a descansar. Los demás seguimos con lo planeado. Pese al tráfico agobiante, fue una tarde tranquila. Después de pasar 45 minutos en medio de atascos, cuando llegamos al restaurante nos encontrábamos renovados y de muy buen humor. Fuera había una enorme fila de personas esperando una mesa. No importaba el calor, o los mendigos que merodeaban a nuestro alrededor mientras esperábamos. A pesar de todos los inconvenientes, nos sentíamos realmente alegres. Así continuamos toda la tarde.

A la mañana siguiente desperté con un sentimiento similar de bienestar. Caminé hacia el salón, donde Anne y nuestra amiga se encontraban tomando un té. Al sentarme me dieron la noticia: "Goenkaji murió anoche a las 22.40h". Inmediatamente el *mettā* comenzó a fluir, no tuve que hacer nada.

Decidimos meditar e ir a su casa para presentar nuestros respetos. El ánimo apacible de la tarde previa continuaba, pero ahora acompañado de este *mettā*. Cuando llegamos al edificio era obvio que la gente había estado despierta desde muy temprano preparándolo todo para recibir a una multitud de gente. Como llegamos temprano, alrededor de las 10.30 de la mañana, solo había entre 50 y 60 personas. La habitación estaba muy tranquila y la gente presentaba sus respetos sentada en sillas o en el suelo, sobre alfombras de algodón. Todos parecían tranquilos y apacibles. Algunos estaban obviamente meditando. Eran un ejemplo de lo que Goenkaji había enseñado toda su vida.

Subimos en ascensor desde la gran sala de espera en la octava planta hasta la treceava, donde Goenkaji y su familia vivían. Yacía en un féretro de cristal. Esta sería la última vez que vería al hombre que cambió mi vida. Yacía allí cubierto simplemente por un chal. Presentamos nuestros respetos, mientras el *mettā* continuaba fluyendo.

Nos enteramos por los miembros de la familia que mantuvo su buen humor hasta el final, y que su muerte fue tranquila y sin incidentes. Estuvo todo el tiempo rodeado por su familia.

La razón por la que he escrito este libro es, esencialmente, para ayudar a otros de manera similar a cómo él lo hizo conmigo. Él me condujo al camino del Dhamma y me inspiró a hacer cosas que nunca pensé que podría hacer en la vida. No he alcanzado altos niveles de sabiduría interna, pero he hecho lo que he podido gracias a Goenkaji y a otros que he ido encontrando al recorrer este camino. Me siento muy agradecido por ello.

Agradecimientos

Quisiera agradecer a aquellos que me apoyaron con la edición y con su inspiración. Primero a mi esposa Anne, quien revisó el manuscrito varias veces. A Kim Johnston, mi viejo amigo de Australia, quien también me apoyó e hizo un magnífico trabajo de edición. Cuando me devolvieron el manuscrito, y vi que algunas de las palabras habían cambiado a la ortografía del inglés australiano y del Reino Unido, tuve que sonreír pues no estaba seguro de cómo volver a cambiarlas al inglés americano.

Por varios años, Robin Curry ha sido mi apoyo leal cuando he necesitado algún trabajo de edición. Ella a veces se queja de mis peticiones, argumentando las muchas formas en las que yo puedo llegar a deformar el idioma de los reyes. Pese a esto, siempre he contado con su ayuda. Sobra decir que esta vez también ha estado apoyándome. Gracias Robin.

A Bharathram Sundararaman, voluntario de Pariyatti y mi editor oficial, quien me hizo varias sugerencias útiles para mejorar este libro. A pesar de tener un trabajo de mucha responsabilidad y una familia que atender, él, como otros tantos voluntarios del Dhamma, se tomó el tiempo para editar este manual para los meditadores. También a Brihas Sarathy y Adam Shepard de Pariyatti y Virginia Hamilton. Gracias a Daniel Haskett por ilustrar la portada y los nudos.

Gracias también a Rick Crutcher y a Paul y Susan Fleischman por revisar las primeras versiones del manuscrito y orientarme hacia una mejor dirección.

Introducción

He aprendido a mantener mi práctica y conseguir que crezca. Quisiera compartir esto con vosotros. Primero, como un hombre soltero viviendo en un lugar sin otros meditadores; después, viviendo en un lugar con varios amigos meditadores de Vipassana; y después, como un hombre casado, con una pareja del Dhamma, adaptando mi vida para vivir en el Dhamma.

El camino de un monje es elevado y noble. Se dice que el camino del monje es claro, tranquilo y fácil de caminar. Está muy por encima del fango y del lodo. No hay rocas, chinitas, piedras puntiagudas, ni espinas. Desafortunadamente para nosotros, pobres laicos, este no es el caso. Nuestras vidas están atadas a las responsabilidades mundanas, trabajos, familias y pagos de hipotecas. A diferencia de los monjes, nuestro camino está lleno de impedimentos y distracciones del mundo exterior. Es por esta razón que pienso que Un Manual del Meditador puede ayudar a los estudiantes de Vipassana en su travesía por este camino de purificación.

Ya que estás leyendo este libro, asumo que has tomado un curso de meditación Vipassana, ya sea con Goenkaji o con uno de sus profesores asistentes. En las siguientes páginas espero poder brindarte maneras para que te establezcas en tu práctica de meditación Vipassana. Puede que hayas completado recientemente un curso, o hayas asistido a uno o más cursos años atrás, y no hayas logrado mantener tu práctica. Sea como sea, este libro puede serte útil. No obstante, te será más provechoso si decides esforzarte seriamente en practicar esta meditación.

Cuando era joven fui Boy Scout, y siempre recuerdo el Manual del Boy Scout. Contenía todo lo que necesitaba saber para ser un buen scout. Como adulto, me convertí en un jefe scout y me encontré con el manual de nuevo. Me di cuenta de la gran herramienta que era para todo scout. Todo el conocimiento necesario se encontraba en ese pequeño libro.

Reflexionando a través de los años acerca de trabajar y andar por el camino del Dhamma, pensé: ¿no sería fantástico tener un libro como ese? No trataría sobre cómo atar nudos, sino de cómo desatar los nudos de la avidez, aversión e ignorancia de nuestras mentes. Esta sería una herramienta muy práctica para alguien que camina por el sendero del Dhamma.

Afortunadamente, o se podría decir como resultado de mi buen karma, durante los primeros años como meditador, entré en contacto con muchas personas que han sido un gran apoyo para mi camino. El primero y más importante fue mi padre del Dhamma, Goenkaji, quien me introdujo y me guio en el sendero del Dhamma hasta su muerte en el 2013. Después, fui muy afortunado en conocer a varios estudiantes de Sayagyi U Ba Khin que también se convirtieron en mis maestros. Algunos me han ayudado en este proyecto vital de desatar nudos. Qué gran variedad de lecciones he aprendido de ellos.

Además, fui muy afortunado de conocer a otros estudiantes de Sayagyi, que, a pesar de haber alcanzado logros muy elevados, no fueron nombrados profesores. Ellos también compartieron lo que habían aprendido a los pies de Sayagyi. No de una manera formal sino por medio de conversaciones y de su ejemplo a través de los años.

Por supuesto también están mis compañeros meditadores. Hay tantos que me resulta imposible mencionarlos a todos, o siquiera sintetizar las lecciones que han compartido conmigo. De algunos de ellos he aprendido cosas positivas, pero, como a veces ocurre, otros me han enseñado con su mal ejemplo. Lo siento por ellos, pero se lo agradezco.

El más grande maestro de todos los tiempos fue el Buddha. Él descubrió este sendero en el que caminamos, y en lugar de guardárselo para sí mismo, lo compartió con todo el que entró en contacto con él. Hoy en día, tantos años después, este linaje de maestros continúa transmitiendo su verdadera enseñanza.

Incluso después de varios siglos y muchas generaciones, muchas personas han preservado la enseñanza, directa o indirectamente, para beneficio de otros a lo largo del tiempo. ¿Cuántos maestros han existido? Sabemos que en los últimos 100 años más o menos ha habido cuatro (Ledi Sayadaw, Saya Thetgyi, Sayagyi U Ba Khin y Goenkaji), así que probablemente ha habido al menos 100 maestros en este linaje durante los últimos 2,500 años. Más o menos en este rango está el número de ācariyas (maestros) que nos separan del Buddha. Somos afortunados de que esta gente maravillosa y de corazón puro compartiera esta joya para que nosotros podamos tenerla ahora.

A lo largo de todos estos años, la enseñanza se ha ido adaptando a los nuevos tiempos. Cuando el Buddha estaba vivo, y por un corto tiempo después, existieron muchos arahants, seres completamente liberados, que mantuvieron las enseñanzas completamente puras. Con el paso del tiempo, gente laica apoyó a los monjes de maneras más formales y se originó lo que se ha conocido como la religión Budista, pero en realidad seguía consistiendo casi exclusivamente en monjes enseñando meditación a otros monjes. En nuestro linaje, fue el Venerable Ledi Sayadaw quien transmitió la enseñanza al campesino Saya Thetgyi que se convirtió en el primer maestro laico. Esto resultó ser un giro muy acertado, ya que el siglo 20 estaba comenzando, y un nuevo mundo basado en la revolución industrial y la tecnología digital estaban a punto de surgir. Una nueva manera de transmitir el Dhamma iba a ser necesaria. Saya Thetgyi, Sayagyi U Ba Khin y S.N. Goenka, hicieron el trabajo que el Buddha les encomendó, con un estilo y una profundidad asombrosos, beneficiando enormemente al mundo.

Somos afortunados de contar ahora con centros en todo el mundo en dónde la gente puede recibir las enseñanzas del Buddha, en sitios cómodos y de fácil acceso, cerca de la mayoría de las principales ciudades de muchísimos países. La presentación de la enseñanza es fácil de comprender, y un gran número de servidores del Dhamma comparten su tiempo y su mettā para que más gente pueda obtener el Dhamma.

¡Que tu camino sea tranquilo y claro, que seas feliz, que te ilumines completamente!

Dejemos las cosas claras

En una reciente conversación con un amigo, me di cuenta de que este libro puede dar la impresión de que todo lo que hago es meditar. Que soy algo parecido a un *monje*. La realidad está muy lejos de eso; sin embargo, sí que me tomo muy en serio reservar tiempo para meditar.

Desde que comencé a meditar ha habido tres fases en mi vida. La primera fue la de viajar, meditar y sumergirme en el trabajo del Dhamma. Descubrí el camino mientras era un viajero; y durante ese tiempo, gran parte de mi vida estaba dedicada a la meditación, y a viajar a la India y Birmania para tomar cursos y servir al Dhamma.

Después me casé y tuvimos un hijo. Aquí empezó la fase dos en donde trabajé en varios empleos durante los siguientes 27 años, e hice todo lo que un esposo y padre normal hace, excepto que incluí la meditación dos veces al día y por lo general un curso de 20, 30 o 45 días cada año. También remodelé un par de casas, construí algunos edificios y tuve varias aficiones, incluyendo la jardinería y la carpintería, trabajé la madera, estudié la lengua *pāli*, etc. Así que no estuve sentado con los brazos cruzados.

Además, estaban todas las actividades familiares como los partidos de fútbol, los deberes, actividades de scouts, excursiones, proyectos escolares, etc.

La fase tres comenzó cuando nos jubilamos y empezamos a servir al Dhamma a tiempo completo, además de todo lo anterior que continuó como antes.

Uno no tiene que convertirse en un recluso para ser un meditador. Puedes disfrutar de las cosas mundanas y cumplir con tus responsabilidades, pero manteniéndote enfocado en incorporar el Dhamma a tu vida. Tú puedes hacerlo. El Dhamma te dará la energía para todo lo que necesitas hacer, y mucho más.

El comienzo

Si ya has seguido un curso de 10 días de meditación Vipassana, habrás podido experimentar la cantidad de sutilezas de la mente y el cuerpo que tienes a tu disposición.

Aunque al principio comenzaras a trabajar a un nivel un tanto superficial, en sólo diez días fuiste capaz de llevar la mente desde un nivel burdo a otro mucho más sutil. También experimentaste algo más. Con la observación de las reglas estrictas de moralidad, fuiste capaz de tranquilizar tu mente, lo que te permitió penetrar a un nivel más profundo. ¿Quién hubiera pensado que esto podría suceder? Justo afuera de las puertas del centro, toda la agitación y el caos del mundo cotidiano seguían ocurriendo. Pero tú estabas viviendo en una burbuja, que escogiste habitar con la esperanza de aprender algo que te pudiera ayudar. ¡Quién hubiera imaginado que ese estilo de vida virtuosa, combinado con una técnica de meditación de 2500 años de antigüedad, te inspiraría los sentimientos de satisfacción, tranquilidad, alegría y compasión por los demás, que sentiste al final de tu curso!

Puede que haya pasado bastante tiempo desde que te sentaste y todos esos sentimientos que te embargaron el día de *mettā* no sean tan predominantes en tu mente ahora. Sin embargo, si lo piensas cuidadosamente, puedes hacerlos regresar. Recuerdo un día que iba en el coche con un cliente y me dijo que yo le resultaba muy familiar. Le contesté que él también a mí. Comparando notas, resultó que él había tomado uno de los primeros cursos que se impartieron en Estados Unidos cuando Goenkaji salió de la India, pero había dejado de practicar desde entonces. Después de esta comprobación, me comentó: "¿sabes?, aquella fue la experiencia más profunda de toda mi vida". Ya he escuchado lo mismo varias veces en el pasado, gente que se ha sentado durante un curso, pero han dejado que su práctica se desvanezca. Todavía tienen la experiencia firmemente establecida en sus mentes como algo muy especial, que sobresale de todas las cosas que han hecho desde entonces.

En otro caso, estaba comiendo con una estudiante antigua y ella se quejaba de no haber sido capaz de mantener su práctica. Había olvidado lo profundamente beneficiosa que esta le resultaba. Las distracciones de la vida diaria y los antiguos patrones de la mente habían interferido. Pero se dio cuenta de lo superficial de sus quejas, y me dijo; "a veces olvido lo bueno que es practicar y los beneficios que obtengo de ello".

Vipassana te integra en la sociedad de una manera positiva, consciente, moralmente sana y te lleva a amar a otras personas tanto como te amas a ti mismo. Para obtener la sabiduría de la impermanencia (*anicca*) debes hacer un esfuerzo y esto en última instancia te llevará a la meta final.

La razón principal por la que la gente deja de meditar después de un curso se debe a que la fuerte conciencia de la naturaleza cambiante de las sensaciones (*anicca*) se disipa lentamente a medida que uno se integra de nuevo en la sociedad. Todos los estímulos externos te quebrantan constantemente y pronto *anicca* queda en el olvido. También tu moralidad se debilita y por lo tanto tu conciencia de *anicca* se resiente. Si dejas que *anicca* se escape, tendrás menos entusiasmo para sentarte a meditar. Las meditaciones serán tan difíciles como cuando comienzas un curso. Si no tienes cuidado, dejarás que esta joya preciosa se esfume.

Cuando comencé a practicar, fue como si hasta ese momento hubiera estado viviendo con una nube frente a mis ojos. Después de tomar un curso de Vipassana, la nube comenzó a disiparse. Hay luminosidad a través de esas nubes y la puedes ver. Es similar a cuando vuelas a una gran altura y el avión empieza a descender a través de las nubes: comienza a nublarse y a ponerse oscuro, pero sabes que al otro lado de esas nubes hay un sol brillante. Ahora tienes una herramienta para disipar esas nubes.

Para acercarse a ese sol brillante, puedes hacer tu trabajo más fácil, si intentas vivir tu vida deshaciéndote de las distracciones que te dificultan caminar por este sendero del Dhamma. Hay varias formas de hacerlo y sería provechoso para tu trabajo comenzar ahora, mientras la experiencia del curso aún está reciente. No obstante, si no te has sentado en un curso desde hace mucho tiempo, no dejes de dar este primer paso, tal vez pasando más tiempo con *ānāpāna*. Tomar otro curso, también te puede ayudar a seguir en el camino.

Durante un curso en un centro, todo está controlado y preparado de una manera ordenada, porque la meditación es la única actividad que se lleva a cabo allí. Mucho esfuerzo se ha puesto en el funcionamiento de estos centros, basándose en la experiencia previa de muchos estudiantes. Será muy provechoso para ti llevar una pequeña parte de esta experiencia a tu vida diaria. De este modo tendrás algo en que apoyarte en medio del ajetreo y el bullicio de la vida laica. Tendrás un lugar al que podrás acceder para recordar esa experiencia.

Meditaciones diarias

Las dos meditaciones diarias son muy importantes. No hay manera de enfatizar suficientemente su importancia. Si empiezas a saltártelas, cada vez te resultará más difícil meditar. Cuando vienes por primera vez a un curso, es posible que seas bastante inexperto, pero observarás que hacia el final de los diez días habrás experimentado una transformación en ti mismo. Ahora eres capaz de sentir fácilmente sensaciones en tu cuerpo, mientras que antes del curso probablemente ignorabas completamente que estas sensaciones existían. Para mantener un nivel de conciencia Dhámmica dentro de ti mismo necesitas estas meditaciones constantes. Esto mantiene viva la pureza que uno ya ha establecido. Estas dos horas diarias, mañana y tarde, son absolutamente necesarias.

Puede que no te resulte fácil sentarte a meditar cuando regreses a casa. Te darás cuenta incluso de que cuando te alejas del centro la atmósfera cambia. Ya no estás en un lugar en donde miles de personas han meditado durante años. Las distracciones aparecerán casi de inmediato. Cuando pares a echar gasolina o a comprar el periódico, un helado o un refresco, puede que ya no haya pensamientos de Dhamma. Todo esto es normal, te darás cuenta de que la atmósfera del centro puede olvidarse en un instante. Si pretendes ser serio en el desarrollo de la práctica, tendrás que encontrar un lugar apartado de la mundanidad cotidiana, que te permita conectar con el espíritu del Dhamma.

Con esto en mente, lo primero que debes hacer es establecer tu espacio de meditación. Como menciona Goenkaji en el discurso final del curso de diez días, es bueno tener un lugar para meditar que sea siempre el mismo. Mejor si es tranquilo y alejado del tránsito habitual de la casa. Una habitación separada sería lo ideal. Un armario que no se use como tal podría funcionar muy bien, aunque esto es algo poco probable, por lo menos en mi casa. Si esto no es posible, trata de hallar un espacio que no se utilice mucho en el dormitorio o en el estudio. Un buen lugar para meditar es aquel donde puedas poner tus cojines, manta, alarma, etc. sin que nadie te moleste. Para una lista de ideas ver el Apéndice I.

Es muy importante crear un espacio en el que puedas meditar dos veces al día. El lugar se llenará de vibraciones de Dhamma y sentimientos de *mettā*. El espacio se fortalecerá con los años y te resultará más fácil meditar allí.

Estás llevando a cabo un cambio importante en tu vida. Al establecer un lugar para meditar, estás creando un hábito. Será el lugar donde vas para purificar tu mente, donde no serás perturbado y donde podrás caminar por el sendero del Dhamma. Este espacio te ayudará a mantenerte en el camino para que no olvides tus meditaciones. Todo está ahí ya preparado. Es una sala de meditación instantánea.

Puede que en el día diez, al que llamamos día de *Mettā*, notaras que, al empezar a hablar de nuevo, todo había cambiado. Al socializar, es muy posible que los pensamientos de meditación desaparecieran. No obstante, a las 2:30 pm hubo una meditación muy importante sobre la que debes reflexionar cuando regreses a casa y sientas que te resulta difícil meditar. Cuando empezaste la meditación de las 2:30 pm, quizá te diste cuenta inmediatamente de que era diferente. Tu mente probablemente estaba distraída o agitada y te resultaba difícil tranquilizarte. Puede que sintieras dolores y molestias. Tu meditación había cambiado solo porque habías hablado un corto período de tiempo. Al final de la hora, sin embargo, tu mente probablemente ya se había calmado un poco y habías vuelto más o menos a donde estabas a las 9 am, justo antes de aprender la práctica de *Mettā*. Y en la meditación de grupo de las seis de la tarde es muy probable que observaras que esto volvió a suceder.

Si no te fijas con atención, no te percatarás de estas circunstancias, pero se trata de una lección muy importante que debería ayudarte a comprender lo que está pasando en el mundo exterior y la razón por la cual tus meditaciones diarias son tan esenciales. También te darás cuenta de que estás lidiando con algo natural y no que tú, estés haciendo algo mal. Es fácil pensar que no lo puedes lograr o que es demasiado difícil. Esta es en realidad una situación muy peligrosa y una de las más difíciles de afrontar, porque podrías sentir la tentación de dejar de meditar cuando te enfrentas a estas sensaciones confusas o desagradables o a las distracciones de la mente. Dejar de meditar solo complicará aún más las cosas. Solo sentándote serás capaz de mantener tu atención en la naturaleza impermanente de las sensaciones y, por tanto, meditar de una manera adecuada. Tienes que estar preparado para aceptar cualquier sensación que surja y no tener preferencia por una u otra.

Pondré un ejemplo. Cuando regresé a Estados Unidos después de unos años viajando, decidí vivir en Berkeley, California, donde sabía que había otros meditadores que también habían regresado recientemente de la India. Sabía que estos amigos del camino apoyarían mi práctica. Alquilé un apartamento y me establecí para vivir como un laico. Una noche, mientras meditaba, me pareció que había estado sentado por lo menos una hora. Miré el reloj, y vi que habían pasado apenas diez minutos. Volví a comenzar y, al cabo de un rato, de nuevo me pareció que había pasado otra hora. Estaba muy distraído y agitado. Volví a mirar el reloj y sólo habían pasado cinco minutos. Esto me sucedió unas cuantas veces más. Afortunadamente me di cuenta de que estaba en una encrucijada; si dejaba que mi mente entrara en ese juego y dejaba de meditar después de solo quince minutos, estaría perdido. Esta meditación siguió y siguió. Pensaba que nunca terminaría. Fue como si pasaran varias vidas, pero no me di por vencido. Nunca me volvió a suceder lo mismo con esta fuerza. Superé a mi mente que no quiere cambiar. Este es el tipo de situaciones para las que tienes que estar en guardia cuando empieces tu práctica en casa. La mente trabajará en tu contra y no será lo mismo que en el curso.

Otros obstáculos pueden surgir en tus meditaciones cuando empieces a practicar en casa a diario. A veces durante las sesiones de una hora, te sentirás confuso. Puede ser incluso que te quedes dormido durante las meditaciones. Esto puede pasar en la sesión de la mañana o en la de la noche, o quizás en ambas. No hay manera de predecir cuándo pasará, ni siquiera podemos estar seguros de que ocurrirá. Sin embargo, si llega a ocurrir, e te parecerá, como a otros, que estás desperdiciando tu tiempo meditando. Me gustaría asegurarte que de ninguna manera estás perdiendo tu tiempo. Aunque te puede parecer que estás tratando de caminar por el barro o nadando en melaza, esto sólo se desvanecerá si perseveras. ¿Cómo hacerlo?

Cuando esto ocurra y seas consciente de que has perdido la atención, comienza de nuevo con la mente tan calmada como puedas. Intenta hacer un poco de *ānāpāna* durante un rato y un poco de respiración intencionada. Aspira el aire un poco más fuerte para que puedas sentirlo. Saldrás a la superficie de esta mente adormecida y sin rumbo de vez en cuando. Podrás trabajar con la atención en las sensaciones, reconociendo su naturaleza impermanente. Te darás cuenta de que esto finalmente pasará. Es posible que sólo algunos minutos durante toda la hora estés bien despierto, atento y con la mente penetrante; pero se trata de minutos muy valiosos. No los desprecies. Úsalos sabiamente y no te preocupes por lo que crees se ha perdido. Has estado trabajando durante todo el periodo de meditación, aunque puede que no haya sido lo que esperabas. Si tu horario no te exige estar en algún otro lugar después de la meditación y sientes la mente despejada, medita un poco más de una hora. Cada momento que te sientas en el cojín es valioso si tu mente vuelve al objeto de la meditación sin reaccionar. Entonces estás haciendo lo correcto.

Una cosa más, hay personas que tienen exactamente la experiencia opuesta. Los primeros diez minutos se mantienen muy atentos, muy alerta y luego se pierden en una neblina a la que ni siquiera saben cómo llegaron. Esto no importa. Continúa meditando toda la hora. No hay manera de saber lo que vas a experimentar en tus meditaciones. El objetivo es hacer una observación sin elección de cualquier sensación que se presente. Esto se debe aplicar a todas las meditaciones. Observa las sensaciones que se presenten sin importar lo que estés sintiendo en ese momento. Intenta prolongar el tiempo que permaneces consciente. Estas sensaciones burdas son una manifestación de lo que está dentro de ti. Si continúas observándolas con ecuanimidad estarás haciendo tu trabajo. Si lo piensas un poco, no debería sorprenderte que tu cuerpo se sienta como un bloque de cemento y sea difícil sentir sensaciones, después de haber estado fuera lidiando todo el día con la locura del mundo.

Si tu mente no está aguda y penetrante, pasa más tiempo en *ānāpāna* antes de cambiar a Vipassana. Una mente aguda te ayudará a tranquilizarte y una mente tranquila agudizará tu *samādhi*. Cuando te des cuenta de que tu mente se ha distraído, intenta respirar intencionadamente durante un rato. Si ninguna de las opciones anteriores funciona, trata de meditar con los ojos abiertos por unos minutos y deja que entre un poco de luz.

Pero hagas lo que hagas, no te sientas derrotado, nunca pienses que todo está perdido. Solo aplica el esfuerzo correcto para conseguir que cada meditación sea provechosa. Todas serán diferentes y, cuando llegues a aceptarlo y a no esperar lo que tú consideras que es "meditar", habrás dado un gran paso en la dirección correcta.

Una vez que hayas establecido tu espacio deberás comunicárselo a tu familia o tus compañeros de piso. Puede que lo acepten fácilmente, y también puede que resulte difícil porque se sientan celosos de ese tiempo que te tomas para ti mismo. Explícales que has encontrado esta práctica de meditación y que es muy importante para ti. De ahora en adelante intentarás meditar dos veces al día: mañana y noche, una hora cada vez. Esto te ayudará a evitar el sentimiento de culpa cuando tengas que retirarte a meditar. Una vez que sepan lo que estás haciendo, te respetarán por ello, especialmente cuando empiecen a ver cambios positivos en ti.

Es bueno que intentes meditar a la misma hora todos los días. Puedes elegir hacerlo inmediatamente después de despertarte o después de tu rutina matutina. Tal vez necesites algo en el estómago primero y medites justo después de haber desayunado. Decidas lo que decidas, lo mejor es mantener la misma hora cada día porque de esta manera tendrás una rutina. Si lo dejas al azar, te puedes sentir afortunado si llegas a mantenerla durante una semana.

Si vives con otras personas probablemente sea mejor meditar antes de que se despierten. Así la casa o el apartamento estarán muy silenciosos y no te distraerás hablando y pasando el rato con ellos. Las otras personas pueden convertirse en una gran distracción, así que ten cuidado. Por otro lado, si ellos también son meditadores, utiliza esta ventaja para fortalecerte. Meditad juntos cada vez que sea posible. Trata de realizar por lo menos una meditación de grupo al día.

También debes evaluar tu estilo de vida. Por la tarde, cuando sales del trabajo camino a casa, ¿vas al gimnasio, juegas al tenis o haces algún otro deporte? Cuando llegas a casa, ¿sales a correr o te tumbas en tu sillón favorito para desconectar frente a la televisión?

Hagas lo que hagas, piensa en esas tardes. ¿Cuándo sería mejor hacer tu meditación de una hora? A algunas personas les gusta meditar inmediatamente después de llegar a casa. Otras escogen hacerlo después de cenar o antes de ir a la cama. Tienes que tomar estas decisiones tú mismo, pero decide lo que vas a hacer tan pronto como llegues a casa después del curso y hayas preparado tu lugar de meditación. Procura mostrarte hábil y mantener las intenciones correctas. Cuando te preparas de esta manera, será más fácil conseguirlo.

En Berkeley mi compañero de piso y yo solíamos meditar a las seis de la mañana y a las seis de la tarde. Esto funcionaba muy bien, pues varios amigos lo sabían y llegaban a esas horas para meditar con nosotros. En cualquier caso, decidas lo que decidas, no te apartes de tu plan.

Es muy importante que te esfuerces por meditar la primera tarde cuando llegues a casa después del curso. Has estado expuesto a una gran variedad de estímulos durante las últimas 8 o 10 horas desde que saliste del centro, y necesitas regresar a donde estabas cuando lo dejaste. Si te sientas esa primera tarde, estarás tomando el impulso que necesitas para establecer un patrón que te conducirá a una práctica sólida.

Una gran distracción

Existe una situación que deberías tener en cuenta y que va en contra de nuestra cultura. Me referiré a ello según mi propia experiencia y después dejaré que decidas por ti mismo. Puede que sea la piedrecita negra en el *kheer* (arroz con leche) del que habla Goenkaji en su último discurso, cuando el niño tira todo el arroz con leche porque tiene un grano de cardamomo. Esta gran distracción son los intoxicantes.

Cuando salí de mi primer curso, me di cuenta de que algunos estudiantes tiraban su marihuana y se comprometían con un nuevo estilo de vida, mientras que otros optaban por encenderse un *"porro"*. Las drogas y el alcohol forman parte de nuestra cultura occidental y son algo a lo que inicialmente mucha gente no quiere renunciar, porque, y esto es lo más importante, no ven la razón para hacerlo.

Lo que descubrí durante los primeros años cuando bebía alcohol y luego trataba de meditar, era que parecía una lente manchada con vaselina. Las drogas o el alcohol actúan como un filtro. En el negocio del entretenimiento utilizan un filtro en el objetivo de la cámara que consigue que la modelo o el actor que ya pasaron su mejor momento, parezcan aún atractivos. Algo parecido sucede con la falsa impresión que se crea mediante el uso de drogas.

Otra analogía podría ser cuando caminas por la calle mirando escaparates, el de una tienda está semicubierto mientras lo remodelan, y no lo puedes ver con claridad. Puedes distinguir algunas cosas dentro, pero todo parece borroso. Así es como el alcohol y las drogas afectan nuestra percepción. Son una máscara que no nos permite ver lo que está pasando realmente.

La otra impresión errónea es que las drogas permiten una mayor consciencia. Esto es totalmente falso. Algunas drogas provocan una conciencia alterada o una consciencia modificada. Esto es algo que nunca ayudará al meditador, porque para experimentar la verdad, la realidad tiene que observarse tal y como es.

Alguien que se aletarga a sí mismo para ahogar alguna pena pasada puede ser feliz viviendo de esta manera. La meditación también pretende ayudar a liberar penas pasadas, pero es a través de la experiencia directa de las sensaciones. Hemos encontrado una herramienta para hacer frente a las vicisitudes de la vida, y cortar de tajo los problemas, pero con los intoxicantes, en vez de afilarla embotamos su filo hasta volverla inservible.

Como estudiante nuevo tienes que tomar esta decisión por ti mismo. Nunca fui bueno recibiendo consejos de aquellos que eran más inteligentes que yo, hasta que conocí a Goenkaji. Si mi padre hubiera estado vivo cuando comencé a meditar, probablemente se habría sorprendido de que yo estuviera escuchando a alguien más sabio que yo, aunque estoy seguro de que también se hubiera sentido muy feliz.

Si sientes que estás listo para dar este paso ahora, lo cual espero que consideres seriamente, te proporcionaré algunas guías que te ayudarán a navegar por este proceso. Si no es así, no tires este delicioso *kheer* por culpa de un pequeño trozo de cardamomo. Por favor, continúa meditando. Eso es lo más importante.

Si decides intentarlo, primero mira lo que hay en el refrigerador o en la despensa. ¿Hay alcohol? Tal vez acostumbrabas a beber una copa de vino con la comida o una cerveza fría en los días de calor. Si hay algo de esto, tíralo. La solución no es bebérselo todo para terminárselo y después comenzar con la meditación. La mente es escurridiza.

Hay que ocuparse de otra cosa más. ¿Tienes alguna droga en casa? ¿Algunas hierbas creciendo en el jardín? Estas tentaciones deben eliminarse, de lo contrario te debilitarán y no podrás avanzar en el camino.

Date cuenta de que no te he dicho que se lo des a un amigo. No, nunca ayudes a alguien a nublar su mente. Ese no es tu trabajo. Has decidido cambiar tu comportamiento para recorrer el sendero del Dhamma, sólo porque otros todavía no han tomado esta decisión, no fomentes en ellos ese mal hábito dándoles intoxicantes.

Si decides que ya es tiempo de incluir el quinto precepto en tu vida, verás que habrá ocasiones en que te presionarán con fuerza para beber una copa. Por lo general, será en acontecimiento especiales como bodas, Año Nuevo, etc. En estas ocasiones la gente siente que debe de haber un brindis. Esta es una tradición muy arraigada en Occidente. Siempre habrá una o dos personas que se extralimitarán para presionarte a que te unas al brindis con alguna bebida alcohólica. En esos momentos tendrás que mostrarte muy hábil para defender lo que piensas y ceder a las presiones. Por lo general, resulta útil tener un vaso lleno de agua mineral o soda, mantenerlo en tus manos y decir que estás bien.

Recuerda que no estás solo cuando empiezas a intentar vivir un estilo de vida más acorde con el Dhamma. El poder del Dhamma es muy fuerte y te ayudará.

Apoyo del Dhamma

Puede ser muy difícil vivir en una sociedad que no honra a las personas que observan los cinco preceptos, pero te darás cuenta de que las fuerzas de la naturaleza vendrán en tu ayuda. La más importante será tu meditación diaria. Si cada vez que meditas lo haces en el mismo sitio, el lugar que escogiste empezará a cargarse con vibraciones de Dhamma. Aunque sean pocas al principio, con el tiempo aumentarán. Luego, cuando te sientes a meditar, sabrás que estás entrando a un lugar Dhámmico, aunque solo tenga 1 metro cuadrado.

Para ayudar a que este lugar se fortalezca más rápidamente invita a meditar a otros amigos meditadores de esta tradición. Ten meditaciones en grupo en el lugar donde meditas. Pueden sentarse alrededor tuyo y meditar juntos. Todos vosotros os beneficiaréis. Quizás puedes invitarlos a cenar y socializar con ellos. Te darás cuenta de que tus preocupaciones acerca del sīla (moralidad) se desvanecen con ellos. Será más fácil vivir una vida de Dhamma.

Otra cosa que puede ser de ayuda es conseguir copias de los cánticos de Goenka. Cuando los pones en tu lugar de meditación, estas palabras del Dhamma recitadas una y otra vez te ayudarán. Los discursos de la tarde también están disponibles. Cada vez que los escuches aprenderás algo nuevo.

Lo siguiente que hay que conocer son las meditaciones de grupo. Estas son actividades a las que debes esforzarte para asistir. Meditar con otros que practican esta técnica recargará tus baterías. Será casi tan bueno como meditar en un centro. Estas meditaciones están publicadas en la página web de tu centro local o puedes preguntar sobre ellas en el centro donde tomaste tu último curso. No son eventos sociales, sino una oportunidad de practicar con gente con algo en común y de esta manera construir la práctica juntos. Todos os beneficiaréis de este estímulo. Si no hay una meditación de grupo cerca y conoces a personas por tu zona que practiquen Vipassana como enseña S.N. Goenka, reúnete con ellas, elegid una hora y un lugar y meditad regularmente, cada semana si es posible. Te fortalecerás con estas meditaciones de grupo.

Las meditaciones de un día son otro apoyo importante para tu práctica. Puedes buscar en internet para ver si vives en una zona en donde se realicen este tipo de meditaciones. Asistiendo a ellas puedes fortalecer tu consciencia de la naturaleza impermanente de las sensaciones (*anicca*) que estás experimentando y esto te ayudará a tener mejores y más profundas meditaciones. Una tercera parte del tiempo practicarás *ānāpāna* y las otras dos terceras partes Vipassana. Hacia el final del día tu nivel de *anicca* puede que incluso llegue a ser el mismo que cuando saliste de tu último curso. Esto es muy importante si quieres mantener tu práctica diaria.

Si no hay meditaciones de un día en tu zona y hay un profesor o profesora asistente que viva cerca, quizás, si le preguntas, puede ayudarte a organizarlas de vez en cuando. Los otros meditadores de tu zona te lo agradecerán. Si este no es el caso, siempre puedes hacerlas regularmente tú mismo.

Durante los primeros dos años después de regresar de la India, me senté en un autocurso de un día cada dos semanas. Esto me dio mucha fortaleza y pasará lo mismo contigo. Lo mejor es comenzar a las 4:30 de la madrugada y trabajar hasta las 9:00 de la noche, que es lo que yo hacía, pero incluso si no lo haces así, si lo haces con el horario más relajado que se usa en las meditaciones de un día oficiales- de 9:00 de la mañana a 4:00 o 5:00 de la tarde-, te serán de gran ayuda.

Si es posible, también puedes asistir a un centro a una meditación de grupo, a periodos especiales de servicio al Dhamma, cursos cortos u otros eventos.

Lo que debes tener en cuenta acerca de las meditaciones de un día y de las meditaciones de grupo es que estas te ayudan a perfeccionar tu práctica. Las visiones, los sonidos, las imágenes a las que estamos expuestos durante todo el día nos debilitan. Tal vez no eres muy consciente de ello, o tal vez sí lo seas, pero básicamente estamos recibiendo impactos de odio, codicia y engaño todo el día. Existen profesionales que se han convertido en expertos en desviar nuestra mente; hay clases en las universidades en que se enseña cómo atraer la atención de la gente, de manera consciente e incluso inconsciente, para poder influenciarlos. Compra esto, desea aquello, una y otra vez, insistiendo continuamente. Cuando salen del monasterio, los monjes van con la cabeza agachada y no desvían la mirada para evitar todos estos estímulos. Tú serás capaz de eliminar algo de esta atmósfera eligiendo lo que lees y lo que ves en la televisión o el cine, pero incluso así, los impactos negativos están permeando en el aire. También nos afectan las páginas de internet que visitamos, nuestro correo electrónico y ahora incluso nuestros teléfonos. Así que estas meditaciones de un día serán muy importantes para volver a enfocar tu mente en la naturaleza de la impermanencia. Cuando te sientas en el cojín a meditar es como si te vertieras a través de un colador: tú lo atraviesas, pero la basura se queda en el colador. Te levantas del cojín refrescado.

En el día once, Goenkaji da la instrucción de que los estudiantes deben intentar hacer un curso de diez días una vez al año. Si sigues este consejo, obtendrás un gran beneficio. Durante ese curso anual, podrás profundizar en tu práctica.

Imagina que has cavado una pequeña zanja. A lo largo del año esa zanja se va llenando de suciedad y polvo. Al final del año se encuentra llena o casi llena. De igual manera, si no te purificas con tu práctica diaria, las meditaciones de grupo o los cursos de uno o tres días, te llenarías de suciedad y tendrías que empezar de nuevo. Para que esto no ocurra tienes que limpiar continuamente la zanja. Si luego tomas otro curso, podrás profundizar más esta zanja. Con menos suciedad y polvo que quitar, tu trabajo en el retiro de diez días progresará mucho más rápido y con menos obstáculos. Por supuesto que si tu *sīla* (moralidad) no ha sido bueno todo será más difícil. Pero si te esfuerzas por mantener un buen *sīla*, estarás en mejores condiciones para progresar más rápida y más profundamente en tu curso anual.

Habrá personas que tendrán tiempo para meditar más de dos horas diarias y un curso de diez días al año. Si este es tu caso, no hay nada malo en tomar más de un curso al año. Muchos estudiantes sienten que realmente quieren establecer una base más sólida y deciden ir a un centro para meditar y servir durante un período de tiempo. Haciendo esto, encontrarás un lugar acogedor para establecer tu práctica y profundizar en ella. Podrás aplicar lo que has aprendido mientras vives en el entorno protegido de un centro de Dhamma. Y más tarde, cuando regreses a tu vida en el mundo exterior, te llevarás contigo el hábito firme y sólido de meditar regularmente y experimentar *anicca*. De este modo, podrás mantener tu práctica con mayor facilidad.

De hecho, he observado una correlación directa entre los que prestan servicio al Dhamma y los que mantienen una práctica sólida. La práctica contribuye al servicio y viceversa.

El Buddha dijo que no había campo más fértil que una persona practicando la meditación. Por esta razón, es muy beneficioso servir a los estudiantes. Cuando ayudas sirviendo a los que se están fortaleciendo en la meditación, te estás ayudando también a ti mismo.

Amigos del Dhamma

Cuando regresé de la India, me mudé a la bahía de San Francisco porque sabía que allí había otros meditadores que había conocido en la India. Cuando volví a los Estados Unidos, el área donde vivía mi familia era un desierto en lo que a otros meditadores se refiere, así que fui donde sabía que sí los había. El segundo día después de mudarme a Berkeley, asistí a una meditación de grupo y conocí gente con la que todavía hoy tengo relación.

Durante aproximadamente 20 años después de eso, raramente he faltado a una meditación de grupo semanal. Y esto me ha ayudado enormemente. La mayoría de la gente que he conocido en esas meditaciones fueron las que ayudaron a establecer el Dhamma en toda Norte América y en California en particular. Ha sido una forma de vida muy enriquecedora gracias a estas conexiones y a las meditaciones de grupo.

En mi caso, el mudarme a un lugar donde la mayor parte de las personas que conocía eran meditadores lo hizo todo más fácil. Casi todos mis amigos eran meditadores. No me vi arrastrado hacia múltiples direcciones por otras personas. Con mis amigos meditadores íbamos al cine, hacíamos deporte, salíamos a comer fuera, etc. Esto facilitó mi progreso. La mayoría de la gente que se acerca al Dhamma tendrá una experiencia distinta. Siempre será beneficioso tener amigos que sean meditadores de Vipassana y que puedan ser un punto de referencia en el Dhamma. Lentamente, mientras una de las cualidades del Dhamma - *ehi passiko* (ven y observa) - se manifiesta, incluso miembros de tu familia y otros amigos se acercarán al Dhamma. Con el paso de los años, te darás cuenta de que los compañeros meditadores se convierten en un gran apoyo para tu práctica.

Hacer amigos en el Dhamma te fortalecerá en el Dhamma, lo que significa que vivirás una vida más feliz. De hecho, el Buddha consideraba esto una de las partes más importantes del sendero del Dhamma. Esto es lo que el Buddha le dijo a Ānanda cuando se acercó a él para discutir este tema.

En una ocasión, el Buddha se encontraba viviendo entre los Sakyanos en un lugar llamado Sakkara. Cuando Ānanda regresaba de hacer su ronda de limosnas de la mañana en la ciudad, se acercó al Buddha. Lo saludó, se sentó a su lado y le dijo que durante su ronda de limosnas había estado pensando en la importancia de los amigos mientras se vive una vida santa. Le dijo: "Venerable, la mitad de la vida santa es tener personas virtuosas como amigos, compañeros y colegas".

El Buddha le contestó: "No digas eso Ānanda. No digas eso. Tener gente virtuosa como amigos, compañeros y colegas es de hecho la totalidad de la vida santa. Cuando un monje tiene gente virtuosa como amigos, compañeros y colegas, cabe esperar que siga el Noble Sendero Óctuple y que se desarrolle en él".

He descubierto que este consejo del Buddha ha tenido mucha influencia en mi vida. Estos *kalyāna mittā* (amigos en Dhamma) me han ayudado y guiado en el camino. No han tratado de extraviarme.

Gente ignorante ha provocado la caída de más meditadores que cualquier otro poder en la tierra.

Las palabras: "No te asocies con ignorantes," son probablemente las palabras más importantes que el Buddha haya dicho jamás a un laico que se inicia en el camino del Dhamma. Y esto también puede aplicarse a estudiantes no tan nuevos. Estas palabras son la primera frase del *Maṅgala Sutta*, un *sutta* (sermón) en donde el Iluminado explica las bienaventuranzas más elevadas que un meditador puede obtener.

El Buddha pensó que era tan importante que comenzó el *sutta* (discurso) con esta advertencia:

> *Asevanā ca bālānaṃ,*
> *paṇḍitānañca sevanā;*
> *pūjā ca pūjanīyānaṃ,*
> *etaṃ maṅgalamuttamaṃ.*

> *Evitar a los necios,*
> *la compañía de los sabios,*
> *honrar a quien ha de ser honrado,*
> *esta es la más elevada bienaventuranza.*

Toma de decisiones

Cuando uno deja un centro después de completar un curso de meditación, tiene que tomar muchas decisiones. ¿Qué voy a hacer? ¿A dónde voy a ir? Probablemente, una de las más comunes y que la gente no se plantea de forma consciente es ¿me voy a relacionar con ignorantes?

Desafortunadamente, algunas de las personas que conocemos se comportan de forma insensata, lo cual les perjudica y nos perjudica a nosotros también. Se trata de personas que no conducen su vida con acciones inteligentes. ¿Qué es una acción inteligente? En mi opinión, es desarrollar nuestras fortalezas y virtudes viviendo de acuerdo con el Sendero Óctuple que enseñó el Buddha, y, en este caso, hablamos primordialmente del *sīla* (moralidad).

Es evidente que no podemos dejar de relacionarnos por completo con gente ignorante o que no tiene una buena conducta moral. Incluso meditadores laicos con las mejores intenciones no son capaces de mantener un *sīla* (moralidad) perfecto. Pero siempre hay grados y quizá eso es algo podrías considerar en este momento.

A lo largo de mi experiencia me he encontrado con personas un nivel de moralidad muy bajo. Algunas veces no podemos evitarlos. Pero te resultará útil si al menos te muestras cauteloso y vigilante cuando estés cerca de ellos. No podemos abandonarlos, y debemos sentir *mettā* hacia ellos.

Puedes haber escuchado de alguien que la moralidad no es importante. Ya existían algunas personas con opiniones similares durante los tiempos del Buddha. Él explicó claramente que este tipo de pensamiento era perjudicial y debía evitarse. Hoy en día se le llamaría la escuela de "si se siente bien, hazlo". Pero este modo de pensar no es correcto, al menos no para alguien que esté pensando en caminar un sendero muy largo de acciones puras. La persona que sostiene que la moralidad no es importante es una persona ignorante. Está dando un mal consejo. Parece que la gente que piensa de esta manera normalmente quiere conducir a los demás por el mismo camino que ellos están tomando, pero el sendero del Dhamma diverge claramente de cualquier sendero de este tipo.

Cuando comenzaste tu curso se te pidió que aceptaras cinco preceptos. Fue una de las formalidades iniciales. Ahora que el curso ha terminado estás libre de esas formalidades, pero el respeto del *sīla,* moralidad, sigue siendo el fundamento de la práctica. Para progresar en el camino, te ayudará mucho si te tomas estos cinco preceptos con plena consciencia. Nadie te pedirá que lo hagas, ni nadie te vigilará para asegurarse de que lo estás haciendo. Si quieres comenzar a practicar una vida de Dhamma, este es el primer paso. Cuando vas a ir a una excursión, te aseguras de estar bien preparado. Necesitas zapatos adecuados para caminar, una botella de agua, tal vez un filtro solar y una barra energética por si te entra hambre. Nadie te dice que esto es lo que necesitas, es de sentido común. Para andar en este sendero, lo que necesitarás es *sīla, samādhi* y *paññā*. Estos son los elementos básicos que vas a necesitar para tu excursión en este nuevo camino.

Considera esto: ¿cuándo piensas que deberías comenzar a comportarte de una manera apropiada, con moralidad? ¿Habrá algún punto a partir del cual dejes de romper el *sīla* y de repente comiences a comportarte de manera correcta?

La respuesta correcta es que esto debe de ser emprendido desde el principio. Si no comienzas de inmediato, todo ese tiempo estarás acumulando más y más *saṅkhāras* (reacciones mentales) y más *dukkha* (sufrimiento). Y eso no ayuda en nada a tu progreso.

Romper el *sīla* te empuja hacia abajo y eso inquieta a tu mente con ansiedad y preocupación. ¿Me descubrirán? ¿Qué pasará si la gente se entera de que hice esto o lo otro? La mente equilibrada que se requiere para una meditación profunda será menos accesible para ti. Además, esa actitud también lastima a otros. Si robas, alguien pierde algo. Tú has obtenido una ganancia, pero a un precio muy alto. Y así ocurre con los cinco *sīlas*. No habrá paz mental para ti.

El *sīla* perfecto es posible solo para un *arahant* (un ser completamente iluminado), pero para un estudiante en el sendero, será suficiente hacer seriamente el esfuerzo de mantenerlo. Tienes que tratar de mantener tu *sīla* y trabajar con el esfuerzo correcto hacia la meta. Puede que resbales de vez en cuando, pero pregúntate: ¿resbalaste porque estabas abrumado, lleno de avidez o aversión y reaccionaste ciegamente? ¿O resbalaste porque decidiste dejarlo pasar esa única vez? Existe una diferencia. Si estabas abrumado te recuperarás, pero si decidiste simplemente dejarlo pasar una vez, pronto te darás cuenta de que habrá otra vez, y otra vez serás derrotado. Así que haz el mejor esfuerzo posible. Ese es el camino del medio.

Continúa comprendiendo *Anicca*

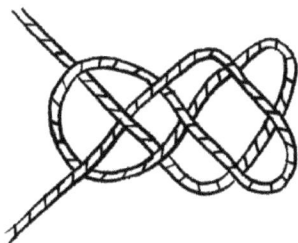

Si alguien contara el número de veces que Goenka menciona *anicca* (cambio, impermanencia) durante un curso, se sorprendería. Lo repite una y otra vez. Está tratando de enfatizar un punto, pero muchos estudiantes lo pasan por alto o se les escapa totalmente. Lo repite porque es IMPORTANTE.

Una de las cosas más importantes a recordar como estudiante nuevo o incluso como estudiante que ha hecho docenas de cursos, es *el anicca.*

Goenka lo menciona continuamente, "mantén la ecuanimidad y sigue comprendiendo *anicca*" o "mantén la ecuanimidad y la comprensión de *anicca.*" Después de introducir Vipassana, termina las instrucciones de las meditaciones iniciales con estas palabras. ¿Qué quiere decir con esto? ¿Por qué crees que lo dice una y otra vez?

Comprender constantemente *anicca* significa ser consciente de las sensaciones que estás sintiendo, reconociendo que son cambiantes e impermanentes, y prolongar esta atención durante todo el tiempo que puedas. Cuando te des cuenta de que has dejado de observar con atención, comienza de nuevo.

En cada momento que pasas tu atención por tu cuerpo, ya sea parte por partes o trabajando con flujo, para obtener el beneficio completo de tu esfuerzo, tienes que ser continuamente consciente de cómo las sensaciones están cambiando. No hay un momento en el que no estén cambiando. Seguramente antes de comenzar a practicar Vipassana, nunca fuiste consciente de esto, o tal vez eras vagamente consciente de manera intelectual pero no experimentándolo. Ahora eres consciente de las sensaciones, pero eso no es suficiente, debes también ser consciente y tratar de experimentar que dentro de esa sensación hay una oscilación que está cambiando. Esto es *anicca*. No importa si la sensación es tan sutil que apenas puedes experimentar el surgir y el desaparecer. No importa si es un dolor burdo o un área en blanco. Solo sé consciente de que cuando tu atención llega a ese punto, ya está cambiando.

El universo entero está cambiando; tú estás cambiando. Todo es *anicca*. Este es el conocimiento que uno debe tener, así como el de *dukkha* (sufrimiento) y de *anattā* (insustancialidad), para alcanzar el *nibbāna*. El Buddha dijo, "Si uno comprende *anicca,* uno comprende *dukkha* y *anattā*". Para que esto forme parte de ti, necesitarás inculcar profundamente esta realidad dentro de tu mente.

En su libro *Satipaṭṭhāna*, el venerable Anālayo dice, "La continuidad en el desarrollo de la consciencia de la impermanencia es esencial si realmente queremos modificar nuestra condición mental. La contemplación sostenida de la impermanencia conduce a un cambio en el modo normal de experimentar la realidad, que hasta ahora asumía tácitamente la estabilidad temporal del perceptor y de los objetos percibidos. Una vez que ambos se experimentan como procesos cambiantes, todas las nociones de existencia estable y sustancialidad desaparecen, modificando radicalmente el paradigma de la propia experiencia".

Parte del problema es que la conciencia de *anicca* es difícil de implementar en la práctica. Otra parte del problema es que uno no escucha lo que dice Goenkaji o no lo considera importante. Los estudiantes se centran solo en sentir sensaciones. Tú has sentido sensaciones y también has sido consciente de que no es importante qué tipo de sensación sientes. Cualquier sensación es buena. Burda o sutil, no importa. Ahora recuerda que esta sensación está cambiando. Es *anicca*. Eso es todo lo que hay que saber. Siente la sensación mientras, con ecuanimidad, eres consciente de su surgimiento y desaparición. Es simple, pero no fácil de hacer.

Al principio, es posible que olvides que tu objetivo no es solo ser consciente (*sati*) de las sensaciones (*vedanā*), sino también dejar que una parte de tu mente sea consciente de que estas sensaciones están cambiando. Esta conciencia se escapará, pero tan pronto como te des cuenta de que la has olvidado, comienza a reconocer *anicca* de nuevo. Por supuesto de nuevo se desvanecerá. Esto es un entrenamiento. Un entrenamiento de la mente, así que cuando te des cuenta, de nuevo empieza a ser consciente del hecho de que la sensación que sientes es impermanente.

Piensa en esto: cuando tu profesor mencionaba algo una y otra vez en clase, ¿no suponías que esto iba a estar en el examen? Cuando tu profesor en la universidad decía: "Puede que veas esto de nuevo", ¿no era una señal de que iba a estar en el examen? Bien, el examen que estás pasando se llama Vida, y la respuesta al cuestionario Vipassana es "Sigue comprendiendo *anicca*". Si sabes la respuesta, no puedes fallar la prueba. Y, además, tu vida será provechosa.

Dentro de las sensaciones siempre está presente surgir y desaparecer. Puede estar sucediendo lentamente. Surgiendo... desapareciendo. O puede estar sucediendo muy, muy rápidamente. Sólo obsérvalo. Sé consciente de ello. No importa si es calor o frío, picor o dolor, si vibra o es apenas perceptible. Sólo sé consciente del surgir y desaparecer, *anicca*. Ese debe ser tu objetivo. Eso es todo lo que tienes que hacer; sentir la sensación y comprender su naturaleza impermanente. Sentirla continuamente sin interrupción y sin reaccionar. Si tienes alguna pregunta sobre este u otros aspectos de tu práctica, por favor comunícate con el centro de Vipassana donde hiciste tu curso más reciente y solicita que un profesor asistente se comunique contigo. Puedes encontrar la información de contacto de los centros de Vipassana en *www.dhamma.org.*

Poco a poco esto se convertirá en una parte de tu práctica. El primer paso es intentarlo. No tendrás que preocuparte porque el canto de Goenka te recordará constantemente:

Aniccā vata saṅkhārā...

Impermanentes, verdaderamente, son los fenómenos compuestos...

Bingo Bango *Bhaṅga*

Una de las mayores trampas en las que caen los estudiantes es la avidez por sensaciones sutiles. La mente naturalmente tiende a la avidez hacia sensaciones agradables y a la aversión hacia las sensaciones desagradables. Este es su condicionamiento. Esa es la causa del sufrimiento. El entrenamiento es justamente para salir del sufrimiento. Después de empezar con Vipassana, Goenkaji menciona a los estudiantes que observen las cosas tal y como son. Nos dice que cualquiera que sea la sensación que surja, sólo debemos observarla. Sin embargo, muchos estudiantes desean algo que no tienen y comienzan a generar avidez.

El día nueve del curso de diez días se habla de *Bhaṅga* por primera vez. *Bhaṅga* se produce cuando tu cuerpo se "*abre*" y toda la masa [corpórea] se llena de sensaciones muy sutiles. Para que esto ocurra no tienes que hacer nada, simplemente sucede. La palabra resuena tan bien que a veces crea confusión en las mentes de los estudiantes. Imaginamos algo especial. Pensamos, "Oh, esto debe ser importante, debo conseguirlo. Eso es lo que quiero". Ah, eso es lo que *quieres*. No es lo que *es*, pero es lo que *quieres*. Y se convierte en un problema para ti, porque como sabes, tan pronto como empiezas a generar avidez estás corriendo en la dirección opuesta al Dhamma.

Lo mejor es entender lo que es *bhaṅga*. Es un fenómeno natural que puede ocurrir en la meditación. Casi todas las sensaciones que se manifiestan en tu cuerpo mientras estás meditando son sólo la consecuencia de los condicionamientos pasados de tu mente expresados en tu cuerpo. Otras causas pueden estar en el alimento que comes, la atmósfera alrededor de ti o tus pensamientos presentes. No tienes control sobre estas sensaciones porque no puedes crearlas. Realmente las creaste en el pasado y ahora, debido a que tu mente está tranquila y no reacciona, aparecen en la superficie del cuerpo y en ocasiones en el interior. Es la naturaleza desplegándose a sí misma.

Cuando uno empieza a practicar Vipassana, a menudo siente sensaciones burdas, sólidas. A medida que pasan las horas y los días, y se alcanza una mayor profundidad de consciencia, se perciben sensaciones más sutiles que aparecen en diferentes áreas del cuerpo. Puede ser que haya sensaciones sutiles por todas partes en la superficie del cuerpo. Cuando esto sucede lo llamamos flujo libre y fácilmente puedes mover tu atención en un barrido a lo largo de toda la superficie del cuerpo. Cuando esas sensaciones penetran en todo el cuerpo, dentro y fuera, y no hay bloqueos, eso es *bhaṅga*. Los bloqueos son áreas ciegas, en blanco, borrosas, nubladas o densas.

Las sensaciones asociadas con *bhaṅga* son muy agradables. Debido a esto, muchos estudiantes piensan que este es el objetivo de la meditación; no obstante, esto no es así. Las sensaciones están cambiando constantemente: un momento puede haber dolor, al siguiente puede haber calor o frío, etc., y al siguiente puede haber una sensación placentera. El problema surge cuando al estudiante le agrada esa sensación placentera, pero, al igual que las sensaciones anteriores, estas también cambian, *anicca, anicca*. Sin embargo, *deseas* esa sensación. Entonces comienza el juego de las sensaciones. Y ese es un juego que no se puede ganar.

A veces pasan los años y los estudiantes continúan con el juego de las sensaciones. Se engañan a sí mismos y engañan al profesor. Pensando que están progresando en el camino, pero en realidad están atascados. Es posible que no crean lo que el profesor está diciendo o crean que todo el mundo experimenta sensaciones sutiles y ellos son los únicos que no. O se obsesionan pensando que esta es la meta que están buscando. Curso tras curso van en busca de las sensaciones sutiles. Debes tener en cuenta que esta no es la meta para la que estás trabajando. Cuando llegues a la meta, no habrá sensaciones.

Imagina que estás viajando en un tren y un hermoso paisaje aparece en la ventana. A medida que el tren avanza, piensas "debo mantener a la vista ese paisaje" y empiezas a correr a lo largo del tren. Después de tropezar con mujeres y niños, o con equipajes y otros objetos, llegas a la parte trasera del tren, y aun así ese paisaje desaparece. Si vieras a alguien haciendo esto pensarías que está loco. Sin embargo, muchas personas hacen exactamente lo mismo cuando intentan aferrarse a alguna sensación.

No tienes control de cuándo *bhaṅga* llega o se va. Es lo mismo con todas las sensaciones. No tienes control sobre ellas. Surgen debido a los tipos de *saṅkhāras* que se manifiestan en el cuerpo, o a causa de los pensamientos presentes, o por la atmósfera de alrededor o la comida que se ingiere. Como meditador, tienes un solo trabajo, y es observar las sensaciones que surgen mientras desarrollas la comprensión de *anicca*. Tomando el ejemplo del tren, sería como si simplemente estuvieras viendo el paisaje pasar por la ventana. No te agradaría ni te desagradaría, simplemente lo observarías. Cuando haces esto, todos los beneficios que se derivan de esta meditación llegarán a ti. Si te diriges en la dirección opuesta sólo estarás desperdiciando tu tiempo y creándote más sufrimiento.

Puesto que no puedes cambiar las sensaciones, cuanto antes decidas aceptarlas, ser ecuánime con ellas y no reaccionar, más pronto empezarás a progresar en el camino. Si decides lo contrario, estarás automáticamente eligiendo *dukkha* (sufrimiento).

La paradoja de los *Pāramī*

Para progresar en el sendero del Dhamma hay que atravesar por una situación inusual. Para alcanzar la plena iluminación se tienen que desarrollar diez cualidades mentales. Se les conoce como *pāramitās* o *pāramīs*, lo que significa perfecciones que deben alcanzarse.

Cuando se desarrollan, estos *pāramīs,* nos dan la fuerza para progresar en el camino de la sabiduría. Cuando los *pāramīs* son débiles, la práctica también lo es. Una práctica sólida vuelve más fácil desarrollar estos *pāramīs,* pero si no los tienes, tendrás problemas para progresar en el sendero. Entonces, ¿cómo se obtienen *pāramīs* fuertes? Esta es la paradoja.

Estos diez pāramīs son:
Generosidad (*Dāna*)
Moralidad (*Sīla*)
Renunciación (*Nekkhamma*)
Sabiduría (*Paññā*)
Esfuerzo (*Viriya*)
Tolerancia (*Khanti*)
Verdad (*Sacca*)
Firme determinación (*Adhiṭṭhāna*)
Amor compasivo (*Mettā*)
Ecuanimidad (*Upekkhā*)

Si revisas esta lista, verás que alguien con estas cualidades mantiene una buena moralidad, posee una mente equilibrada y la capacidad de trabajar a pesar de las dificultades que deben superarse para meditar en la vida cotidiana. Son las perfecciones que un ser plenamente liberado (*arahant*) alcanza para lograr el objetivo final. Con el tiempo, también deberás poseer todos estos *pāramīs* y en cantidad suficiente, antes de poder liberarte por completo. De hecho, ya posees *pāramīs* en abundancia. Si no fuera así, no habrías tenido la curiosidad de dar ni un solo paso en el sendero. Cuando escuchaste las palabras "Vipassana", "Goenka", "visión cabal", no habrías sentido el menor interés o inclinación para avanzar. No hubieras querido saber más. Reflexiona sobre los *pāramīs* y verás la dirección que necesitas tomar.

Debes ser consciente de esta paradoja de modo que, cuando surja la oportunidad de desarrollar uno de los *pāramīs,* tomes la iniciativa. Esto debe hacerse tanto en la vida cotidiana como en los cursos. Si eres plenamente consciente de ello, fortalecerás tu práctica y te convertirás en una persona más feliz y en un mejor meditador.

Recientemente escuché la historia de un estudiante que después de completar su primer curso comenzó a venir entre cursos para ayudar a limpiar el centro cuando el curso terminaba, y luego colaboraba en la preparación del siguiente curso. Venía en cada intervalo entre cursos. Trabajaba desde temprano por la mañana hasta tarde por la noche. Tenía alrededor de sesenta años y se había jubilado recientemente en una gran empresa. Algunas personas se preocuparon de que pudiera agotarse trabajando tan duro. Cuando un profesor asistente habló con él para ver cómo estaba, dijo: "Todos ustedes comenzaron cuando eran jóvenes y tuvieron muchos años para desarrollar sus *pāramīs*. Acabo de empezar y tengo mucho que hacer, por eso trato de servir tanto como sea posible." Esta es una persona con una muy buena comprensión de la paradoja de los *pāramī* y no va a dejar que nada se interponga en su camino para alcanzar la meta final.

Una oportunidad para desarrollar la perfección del *dāna* (generosidad) es el día diez de un curso. Cuando se informa sobre la inscripción, para ayudar con las tareas necesarias de limpieza del centro, esta es tu oportunidad de ayudar a otros.

Varias veces al año se envía un anuncio sobre los fines de semana de servicio, los períodos de trabajo o quizás sobre la necesidad de servidores para el próximo curso. Ahora, esta nueva comprensión de la paradoja del *pāramī*, te ayudará pensar: "Ah, esta es una oportunidad para que yo fortalezca mi *pāramī* de *dāna*".

Puede que estés muy ocupado con tu trabajo o que tengas muchos compromisos familiares que te impiden dar servicio. Si ese es tu caso, puede ser más fácil para ti donar dinero. Eso te ayudará a disolver tu ego. De esta forma, compartes los beneficios que has recibido para ayudar a los demás. Muchas personas han donado todo lo que ves en un centro. Desde el terreno hasta las lámparas. Dado que la política de los centros en esta tradición es la de sólo aceptar donaciones voluntarias de aquellos que han completado al menos un curso de diez días, el desarrollo de un centro de Vipassana es un proceso lento.

Un buen ejemplo es el centro en Massachusetts, el primero que se construyó en Norteamérica. Una casa de unos cuantos acres fue comprada por unos pocos estudiantes en 1982. Al principio, todo el mundo se amontonaba en la casa durante los cursos y la sala de meditación era tan pequeña que la gente estaba sentada rozándose las rodillas, pero feliz de disponer de un lugar. Todos los rincones se aprovechaban para algo, incluso el sótano, era un comedor improvisado. Durante el verano, se usaban tiendas de campaña para que más estudiantes pudieran unirse a los cursos y se utilizaba una gran carpa como sala de meditación. Ahora, en 2015, existe un gran complejo de edificios que sirven a muchos estudiantes cada año. La mayoría de las habitaciones tienen baños privados y hay una pagoda con celdas individuales para meditar. De esta forma, poco a poco, han ido surgiendo todos los centros. Se han construido paso a paso, de manera práctica y financieramente conservadora. Ahora hay quince centros en América del Norte (incluyendo México, los Estados Unidos y Canadá), y dos terrenos adquiridos, donde todavía no se ha construido ningún edificio.

Ten en cuenta también los muchos otros beneficios que puedes obtener si vas a un centro un fin de semana, para ofrecer servicio al Dhamma. Podrás meditar tres veces al día. Estarás contribuyendo a que el centro sea un lugar mejor y más fuerte para la meditación de los demás. Aprovecharás esa oportunidad para fortalecer tu práctica. En definitiva, constituye una excelente posibilidad de mejorar si quieres tener éxito en esta paradoja del *pāramī*. La superarás sólo con tu esfuerzo (*viriya*), que es en sí otro *pāramī*.

Si decides unirte a un fin de semana de trabajo tendrás la oportunidad de practicar el *pāramī* de *nekkhamma*, pues también estarás renunciando al mundo (*nekkhamma*) por dos días, como lo haces cuando tomas un curso. Vivirás de las donaciones de otros. Practicarás el camino del medio sin extremos, viviendo un estilo de vida muy saludable. Durante 2500 años, en los países budistas tradicionales, los laicos han dedicado ciertos días de cada mes, llamados días *uposatha,* a practicar los *pāramīs* con un esfuerzo más intenso. Toman ocho o incluso diez preceptos durante esos días. Algunos también practican la meditación.

La tolerancia (*khanti*) es una cualidad muy apreciada cuando se encuentra en otros. Personas que no critican, condenan a otros o se quejan. La gente tolerante generalmente agrada a los demás y es fácil llevarse bien con ella.

Un curso de meditación ofrece muchas oportunidades para practicar la tolerancia. ¿Es tu compañero un meditador tranquilo o ruidoso? ¿Se mueve mucho? Tal vez respira fuerte. Quizás a la comida le falta un ingrediente, o al equipo de voluntarios se le quemó accidentalmente esta mañana. Si tu reacción a estas situaciones es de aceptación sin juzgar, estarás aumentando tu *pāramī* de tolerancia.

Cada día nos enfrentamos a oportunidades para fortalecer esta cualidad en nosotros mismos mientras avanzamos por la vida. Especialmente en el mundo de hoy donde se anima a la gente a ser asertiva; la asertividad y la intolerancia pueden fácilmente confundirse. Si estás haciendo cola, usa ese tiempo para sentir la naturaleza cambiante de las sensaciones dentro de ti mismo, en lugar de preocuparte o agitarte. Los atascos de tráfico son un excelente momento para practicar la consciencia del cambio y la tolerancia. La intolerancia surge principalmente cuando sentimos que alguien nos está ofendiendo personalmente, aunque lo más probable es que ese alguien no sea consciente de la afrenta. El resultado suele ser la ira y el odio, y ambos van en contra de nuestros esfuerzos por caminar en el sendero y solo nos llevan a producir más y más *saṅkhāras* (reacciones mentales).

Firme determinación (*adhiṭṭhāna*). Durante un curso, ¿te lo tomas verdaderamente en serio? Es muy importante porque, a medida que tu práctica progrese, habrá desafíos que requerirán que este *pāramī* se desarrolle en un alto grado, o de lo contrario serás derrotado fácilmente. Debes ser capaz de llevar a cabo cualquier intención que tengas. En un curso se te dice que observes y no reacciones. Esa es tu meta específica durante una hora. La razón es que en la vida estamos reaccionando constantemente ante cada situación. Si puedes cambiar este hábito verás que pronto dejarás de reaccionar ciegamente en tu vida diaria. En un curso, durante las sesiones grupales de una hora (*adhiṭṭhāna*), llegamos a practicar esto tres veces al día. El sendero del Dhamma es un camino que requiere determinación. Si la fortaleces con cada paso que das en el camino, siempre la encontrarás ahí cuando la necesites.

¿Terminas todas las tareas que te propones hacer o las empiezas y nunca las acabas? Fuera del curso, también puedes desarrollar este *pāramī* finalizando las cosas que empiezas. Esto fortalecerá tu *pāramī* de *adhiṭṭhāna*.

Ecuanimidad (*upekkhā*). Algunas personas tienen problemas para entender esta palabra. Tener "ecuanimidad" o mantenerse "ecuánime" significa permanecer en equilibrio y no reaccionar. Necesitamos una mente equilibrada para progresar en el sendero. Si el más ligero obstáculo nos sacude o nos agitamos con facilidad debemos encontrar una manera de devolver la mente a un lugar donde podamos observar con ecuanimidad. Algunos estudiantes detectan que su problema es que se apartan del camino por exigirse demasiado. Se esfuerzan muchísimo, convencidos de que lo tienen que lograr, y piensan que insistir con más fuerza les ayudará. Pero no es así. Se necesita equilibrio, no fuerza. Durante los cursos, muchos estudiantes han obtenido un gran beneficio al dar un paseo de cinco minutos en lugar de intentar aguantar el dolor o la agitación. Las historias de monjes que se rompen los huesos de las rodillas y no se mueven hasta alcanzar la liberación total, son de personas cuyos *pāramīs* ya se han completado y no de personas que están empezando en el sendero.

En Birmania, en Kyaiktiyo, existe una roca enorme, la Roca Dorada, que se equilibra en un punto muy pequeño. El peso entero de esa roca, además de la pagoda que se ha construido sobre ella, se equilibra en un área pequeñísima. La roca es inamovible. Si tu ecuanimidad se enfocara como el peso de esa roca, también serías inquebrantable.

Moralidad (*sīla*). Hay menos posibilidades de romper tu *sīla* mientras estás en un centro. Por supuesto, el *sīla* es algo que puedes trabajar dentro y fuera del centro. Recuerda los cinco *sīlas* y aplícalos todo el tiempo. Los realmente burdos como no matar y no robar son fáciles de mantener. Cualquiera que se haya sentado uno o varios cursos, requeriría de un gran esfuerzo para romperlos. Es de esperar que utilices tu mayor conciencia y comprensión de las enseñanzas del Buddha para sobreponerte a ellos. Pero hay uno con el que realmente debes tener mucho cuidado: la recta palabra. Se trata de un pozo en el que fácilmente podemos caer. Tan pronto abres la boca, rompes este *sīla*. Sucede todos los días y de una forma muy rápida. Las palabras salen y de nuevo lo rompemos. El Buddha rechazaba particularmente la mentira, y dijo esto al respecto.

Las consecuencias de la palabra incorrecta

Esto fue dicho por el Bhagavā [el Buddha], esto fue dicho por el *Arahat* y escuchado por mí: "una persona, Oh monjes, que transgrede esto, me atrevo a decir, que no hay maldad alguna que no pueda llevar a cabo. ¿Y qué es esto?

Esto, Oh monjes, es decir una mentira conscientemente."

—*Musāvādasuttaṃ* from *Saṃyutta Nikāya, Mahāvagga,*
(Traducido por Klaus Nothnagel)

No te permitas caer en esta trampa ni en ninguna de las otras formas de palabra incorrecta, como calumnia, difamación, murmuraciones, chismes, palabras hirientes o poner a una persona en contra de otra.

El "esfuerzo" (*viriya*) debe hacerse para mantener las buenas cualidades que ya tienes y tratar de aumentarlas. Trata de eliminar las malas cualidades y asegúrate de no agregar más. Esta es la esencia de *viriya*. Además, se requiere cierto nivel de trabajo duro para recorrer esta larga caminata hacia la meta final. Hay que esforzarse para comenzar, esforzarse para continuar y esforzarse momento a momento sin retroceder. En el momento en que el esfuerzo se pierde, la mente empieza a divagar o uno se queda dormido. Por otro lado, demasiado esfuerzo constituye otro problema, porque entonces experimentarás tensión. El esfuerzo es un acto de equilibrio. Supongamos que atrapas a una mariposa. Si la sostienes con demasiada fuerza, la aplastarás, si la sostienes con demasiada ligereza, se te escapará. En el medio está el equilibrio.

Sayagyi U Ba Khin dice que debes ser tan suave como una flor y tan fuerte como una piedra. El esfuerzo (*viriya*) es un *pāramī* muy importante.

Estás participando en un entrenamiento Te estás entrenando para ser una mejor persona y finalmente un *arahant*. Es un entrenamiento largo, muy largo, pero ya has empezado, así que todo lo que tienes que hacer es trabajar para mejorar la tarea que tienes entre manos.

Mettā y tú

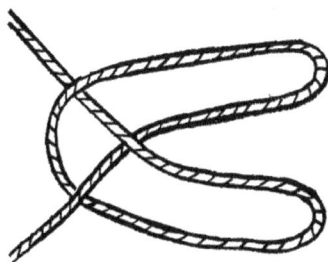

¿Cómo algo que no puedes ver, sino sólo sentir puede ayudarte y beneficiarte a ti y a todos los seres? Conocerás el poder del *mettā* solo cuando lo uses y lo experimentes. Cada día, al final de tus meditaciones, es aconsejable practicar *mettā* durante unos minutos. Esto significa llenar las sensaciones corporales que estás sintiendo con pensamientos de amor compasivo hacia todos los seres, incluyendo tus seres cercanos y queridos. Puede ser tu pareja, tus hijos, tus amigos u otros miembros de la familia. Comenzar con ellos está bien porque ya tienes buenos sentimientos hacia ellos. A veces, en el ajetreo y el bullicio del día, nuestra conciencia se debilita y podemos decir o hacer algo que pueda molestar a nuestros seres queridos o conocidos. Puede ser que esta situación haya ocurrido en el pasado lejano o incluso hoy, pero practicar *mettā* teniendo en mente a estas personas puede producir resultados sorprendentes.

He comprobado esto en mi propia vida y en la de mis amigos. He visto cómo se han sanado relaciones turbulentas entre maridos y esposas, o en relaciones distantes o inexistentes con otros miembros de la familia. No debes subestimar el poder del *mettā.*

Además, no sólo se puede utilizar dentro de la propia familia, sino también con compañeros de trabajo y otras personas. La Sra. Jocelyn King, una de las estudiantes de Sayagyi U Ba Khin, cuenta una historia sobre él: "Sayagyi había sido invitado a ser miembro de un comité gubernamental. Los otros miembros se mostraron muy hostiles cuando él se unió al grupo por primera vez. Con el tiempo, él consiguió cambiar completamente esta situación". Cuando la señora King le preguntó cómo lo hizo, él respondió: "con *mettā*".

En este mundo, con todas las fuerzas negativas que existen, alguien que practica *mettā* en su interior se convierte en una fuerza del bien, y los que lo rodean lo sabrán. Goenkaji nunca habría podido llevar a cabo el tremendo trabajo de difundir el Dhamma por todo el mundo en tan poco tiempo, si no hubiera sido por las fuertes vibraciones de *mettā* que lo rodeaban todo el tiempo. Donde hay luz, la oscuridad no puede llegar.

Una vez en San Francisco íbamos a tener una reunión con Goenkaji y la Fundación Vipassana de California del Norte. La reunión se llevaría a cabo en una habitación de hotel que había sido utilizada previamente por la tripulación de una aerolínea que hizo escala en ese lugar. Se respiraba un ambiente desapacible y antidhámmico. En cambio, la atmósfera de la habitación de Goenkaji en el mismo hotel era maravillosa. Sugerimos que quizá sería mejor celebrar la reunión ahí. El secretario de Goenka, Yadav, comentó: "No os preocupéis, todo irá bien". Mientras subíamos hasta el piso donde se iba a celebrar la reunión, el ascensor entero oscilaba con vibraciones de *mettā*. Cuando entramos en la habitación, toda ella oscilaba con vibraciones de *mettā*. El *mettā* lo hizo todo.

Por favor, no solo compartas tu *mettā* con aquellos que conoces. ¡Hay tantos seres por todas partes que están sufriendo! Es una de las consecuencias de haber nacido. Cuando practiques *mettā*, asegúrate de compartirlo con todos los seres, los veas o no, los conozcas o no. Las fuerzas del bien en el mundo sólo pueden crecer si más y más gente practica *mettā*.

Los cánticos que Goenkaji recita todas las mañanas, llenan el centro de vibraciones de *mettā*. Con el paso de los años, esto crece y crece. Cuando la gente llega a un centro, dice que se siente mucha paz. Sí, es verdad, un centro es un lugar de paz. Es el *mettā* que están sintiendo.

Puede que hayas visto algunos animales salvajes en el centro donde tomaste tu curso. En el centro de Massachusetts hay muchos conejos. Pocos animales son más asustadizos que un conejo. Sin embargo, estos viven en una atmósfera de Dhamma y de *mettā*. Si estás paseando y pasas por donde ellos están, simplemente siguen sentados comiendo hierba, como si tú no existieras. En Australia ocurre lo mismo con los canguros, que suelen ser animales muy salvajes y asustadizos. Incluso los pequeños Joeys apenas te miran cuando pasas. Esto muestra el resultado de que las personas practiquen *mettā* y no hagan daño a otros seres.

Mediante la práctica regular de la meditación en tu casa, la habitación que utilizas para meditar también se convertirá en un lugar donde la gente venga y diga "¡Oh, que paz se respira aquí!". Les gustará y ni siquiera sabrán por qué.

Lo que se puede aprender de los libros

Existen muchos libros interesantes sobre las enseñanzas del Buddha. La cantidad es enorme. Algunos son buenos y otros no tanto, como sucede con la mayoría de las cosas. Pariyatti (*www.pariyatti.org*) fue creada por un meditador y tiene un gran inventario de libros que se relacionan con esta tradición. También son distribuidores norteamericanos de la Sociedad de Publicaciones Budistas (BPS) de Sri Lanka, la Pali Text Society (PTS) de Inglaterra, y tienen muchos libros del Vipassana Research Institute (VRI) de la India.

He disfrutado mucho con los libros sobre el Dhamma y me han ayudado a entender algunos de los conceptos expuestos en los discursos. Durante bastantes años, leía todas las noches antes de acostarme. Destinar sistemáticamente un tiempo cada día, fue de gran ayuda para desarrollar un programa de lectura en una vida tan ajetreada. He incluido una lista de lecturas en el Apéndice II.

Pariyatti (estudiar el Dhamma a partir de los libros) puede proporcionar una gran inspiración a los meditadores. Las palabras del Dhamma son dulces y nos pueden aportar una gran inspiración para profundizar en nuestra práctica. Leer sobre los tiempos del Buddha y sus enseñanzas puede darnos un empujón en la dirección correcta. Recuerda escoger para hacerlo un momento que no sea el destinado a tu práctica de meditación. Los *suttas* (discursos) son maravillosos, el Pāli tiene un sonido encantador y se usa en muchos de los discursos de Goenka, por lo que es importante aprender al menos los términos básicos que oyes una y otra vez. Sin embargo, cuando te encuentres con un momento difícil en tu práctica, no intentes sustituir la meditación con la lectura y el estudio. Un momento difícil puede ser cuando no te puedes sentar durante una hora porque te resulta demasiado duro o porque siempre encuentras algo más importante que hacer. Tal vez estás empezando a buscar excusas para no sentarte. Dejar de practicar para ponerse a estudiar es una pendiente muy resbaladiza que te llevará a no hacer lo más importante que has aprendido nunca.

Mantén estas dos cosas separadas: una es *suta-mayā paññā* (algo que has oído) y la otra es *bhāvanā-mayā paññā* (lo que has experimentado). Este es un camino de experiencia. Uno puede leer y estudiar durante eones y, sin embargo, no avanzar ni siquiera un centímetro en el sendero del Dhamma. Webu Sayadaw, que fue una gran inspiración para Sayagyi U Ba Khin y para todos los que lo conocieron, fue considerado por muchos como un *arahant*. Se dio cuenta muy temprano en su vida monástica, de que para alcanzar la meta final debía abandonar el monasterio donde sólo se enseñaban los *suttas*, e irse a la selva a practicar Vipassana. Se dio cuenta de que estudiar los textos no le ayudaría a alcanzar la plena liberación. Su meta era la liberación total, no la comprensión intelectual. Su decisión resultó ser la correcta para él y también lo será para ti. Webu Sayadaw comprendió que aprender sólo de los libros, llevaba a un callejón sin salida para alguien con los *pāramīs* para ser un meditador, y así es también para ti.

Resumiendo

Como un jefe *scout* que guía a su tropa al éxito usando las técnicas del manual Scout, espero que algo de lo dicho hasta aquí te ayude a ser mejor desatando los nudos del odio, la avaricia y el engaño que forman gran parte de nuestro ser. Solo mediante la práctica constante y correcta se alcanzará la meta. No se puede asimilar por estar cerca de una persona que ya ha alcanzado niveles más altos de desarrollo. No se consigue leyendo libros, escuchando discursos o recitando. No puede transmitirse de padres a hijos. El éxito sólo puede alcanzarse con la práctica. El resultado será proporcional a la cantidad de esfuerzo correcto que inviertas.

El manual del scout realmente ayuda a los jóvenes exploradores a pasar un buen rato cuando están al aire libre. Aprenden a hacer las cosas correcta y fácilmente para no lastimarse o dañarse. Espero que este manual haga tu vida más apacible y llena de alegría. Cuando comiences a ver las cosas como realmente son, no te dejarás arrastrar por lo negativo, y te volverás más brillante y ligero. De eso es de lo que se trata ¿no? Cuando la oscuridad se va, sólo queda la luz.

Si no tienes claro tu objetivo, es posible que estés desperdiciando la vida. Si te desvías, aunque sólo sea un poco, seguirás sin alcanzar el objetivo. Puedes trabajar muy duro, pero no te beneficiará si sigues equivocándote de meta.

El objetivo de *sīla* (moralidad), *samādhi* (concentración) y *paññā* (sabiduría), es la liberación. Si no se apoyan mutuamente, no estarás trabajando de la manera en que el Buddha nos enseñó a trabajar. Cada uno apoya al otro. Cada uno está vinculado de una manera perfecta para ayudar al otro. Estarás trabajando en la forma correcta hacia una vida más feliz cuando aspires a la meta correcta.

Vamos a revisar algunas de las cosas que hemos mencionado para que te mantengas enfocado en el objetivo. Las meditaciones diarias y las acciones morales deben ser la base de tu esfuerzo. Sin ellas, dejarás de esforzarte muy rápidamente, porque no verás cómo los beneficios se acumulan en tu vida.

Mantente fuerte y persevera en estos dos elementos básicos del sendero.

Acuérdate de evitar a aquellas personas que puedan hacerte caer. No son divertidas. En su lugar, intenta cultivar amigos meditadores, que respeten a los demás y que vivan una vida íntegra. Como dijo el Buddha, los amigos son la totalidad del camino. Ellos te ayudarán a levantarte y tú harás lo mismo por ellos.

Un motor de combustión interna debe tener carburante, aire, compresión y una chispa para activar la combustión que hace girar el motor y producir energía. Debe haber las cantidades correctas y funcionar en el momento adecuado. Cuando practiques correctamente, todos los elementos se reunirán en las cantidades adecuadas, producirás energía y avanzarás en el sendero. Tus días y tu vida estarán llenos de gozo.

Cuando fui por primera vez a Birmania y conocí a algunos de los estudiantes de Sayagyi U Ba Khin me di cuenta de una cosa: se trataba de personas normales. Normales en el buen sentido, un sentido sano y armonioso. No había grandes complicaciones, y el humor y las sonrisas formaban parte habitual de sus vidas. No conozco a nadie con mejor sentido del humor que Goenkaji. Era muy rápido e ingenioso con las bromas. Muchos de mis amigos del Dhamma son así.

Lo maravilloso de esta técnica es que los beneficios se manifiestan aquí y ahora. No hay que esperar a otra vida para obtener los resultados de tus esfuerzos. Cada paso en el sendero te acerca a la meta y puedes sentirlo cuando se manifiesta en tu vida.

Has logrado la parte más difícil que es encontrar el sendero y dar el primer paso. Ahora sólo tienes que aplicarte. Hay mucho apoyo disponible para ti. Que crezcas en el Dhamma, que brilles en el Dhamma, y que seas verdaderamente feliz.

Apéndice I

Crear un área de meditación en casa

Para obtener el mayor beneficio de tus meditaciones diarias lo mejor es que dispongas de un lugar para meditar, que no se utilice para otra cosa. Debería ser un espacio por el que no debas circular ni perturbarlo frecuentemente. Me gustaría darte ejemplos de lo que otras personas han hecho en sus hogares para establecer un área de meditación separada.

Una de las cosas más fáciles es comprar un biombo plegable como los que venden en los grandes almacenes. Colócalo en la esquina o al final de la habitación. Esto proporcionará un espacio especial que sólo se utilizará para la meditación.

Un amigo en Seattle tenía una sala de estar muy grande y construyó una mampara ligera de papel enmarcada (mampara de shoji) que puso en el extremo de la habitación. Incluso tenía una puerta. Tenía un aire muy japonés y cuatro o cinco personas podían sentarse allí cómodamente.

Una pareja que conozco de San Diego tenía oficinas adyacentes en dos habitaciones separadas de su casa. Construyeron una puerta entre las dos habitaciones que dejaban abierta y cada uno se sentaban en uno de los lados de la puerta para meditar en su pequeña sala de meditación instantánea.

Un amigo en Inglaterra puso su sala de meditación en el ático, que estaba aún sin terminar de construir. No había escalera así que saltaba desde un poste y entraba por una trampilla. Una vez allí, seguía subiendo con cuidado por las vigas hasta la esquina que se había construido. Había colocado algunas planchas de madera con alfombras encima y tenía un lugar agradable donde podían sentarse cuatro personas. Este espacio solamente está recomendado para los fuertes y ágiles.

Otro amigo instaló una escalera plegable en un pequeño espacio del ático que no usaba. Lo cubrió con placas de yeso y alfombras. Él y su esposa sólo debían tirar de la escalera y subir cuando querían meditar. He visto esta solución en varias ocasiones.

Yo tenía un porche cerrado que utilizábamos como sala de meditación. Al principio lo delimitamos únicamente con una cortina. Después de algunos años lo remodelé totalmente con placas de yeso, alfombras nuevas, cristaleras y una puerta antigua. Ahora es un espacio muy acogedor.

Mi vecina aprovechó un pequeño rincón de su garaje y construyó una sala. Ocupa la mitad del espacio y la mitad del garaje. Ahora sólo le cabe un coche, pero en la otra mitad tiene una bonita sala de meditación.

Otros han construido sus salas de meditación en el jardín. Un amigo que vive cerca de un aeropuerto construyó su sala con paredes de doble grosor y puso persianas gruesas en las ventanas. Aunque un avión despegara al otro lado de la carretera, no se oiría en esta sala. Por lo general, este tipo de salas deben estar cerca de la casa para no tener que caminar mucho si llueve o hace frío. Esta es la manera más cara de hacerlo, pero cuando la acabas, verdaderamente obtienes lo que querías.

Las cabañas de jardín también se pueden reconvertir en salas de meditación. He visto ejemplos hermosos de este tipo de reformas. Generalmente esto puede hacerse en casas rurales dónde ya existen estas cabañas.

El mejor momento para levantar una bonita sala de meditación, será sin duda cuando estés edificando tu nuevo hogar. Espacios en los áticos o áreas difíciles de usar como habitaciones normales por su tamaño, funcionan muy bien si se planifican en la construcción de una nueva casa.

Como puedes ver, un espacio de meditación puede variar bastante. Puede ser pequeño, como la esquina de una habitación con un cojín, o más grande y elaborado, hasta llegar incluso a una construcción exclusiva para sentarte y meditar. El objetivo es tener un área de la casa que se use sólo para la meditación.

Apéndice II

Libros recomendados sobre el Dhamma

Libro sobre Vipassana

El Arte de Vivir, Bill Hart

Sayagyi U Ba Khin Journal (VRI)

El tiempo de Vipassana ha llegado, Sayagyi U Ba Khin

Resumen de los Discursos, S.N. Goenka

Para beneficio de muchos – charlas y respuestas a preguntas por estudiantes de Vipassana 1983-2000, S.N. Goenka (VRI).

La esencia del Dhamma del Buddha en la práctica meditativa, Sayagyi U Ba Khin

Karma y Caos, Paul Fleischman

Libros básicos de Dhamma

Lo que el Buddha enseñó, Walpola Rahula

Dhammapada, Daw Mya Tin

El Antiguo sendero del Buddha, Piyadassi Thera

En las palabras del Buddha, una antología, Bhikkhu Bodhi

Libros para inspirarse en el Dhamma

Renunciar, Sumana Samanera (BPS Wheel Publication)

El Buddha y sus discípulos, Hellmuth Hecker, Venerable Nyanaponika Thera and Bhikku Bodhi

Cartas a los hermanos del Dhamma, Jenny Phillips

Libros históricos acerca del Buddha

La vida del Buddha por Ñāṇamoli Thera – Histórico e inspirador

En Búsqueda del Buddha, (originalmente publicado como
The Buddha and the Sahibs), Charles Allen

El Buddha Histórico, H.W. Schumann – provee un contexto
social histórico interesante sobre la vida del Buddha
y sus enseñanzas (aunque no habla sobre meditación)

Libros para profundizar en el Dhamma

Udana, John Ireland

Manuales del Dhamma, Ledi Sayadaw

Para aprender pāli básico

La Gema Engarzada en Oro – cánticos de los cursos de diez
días

The Pāli Workbook – Lynn Martineau

Libro para peregrinos

A lo largo del sendero, Kory Goldberg & Michelle Décary

Tierra Media, Camino medio, Venerable S. Dhammika

Entra en el sitio web *www.pariyatti.org* para descubrir
muchas joyas que han recopilado y que son descargables
en línea. Los libros mencionados anteriormente pueden
también estar disponibles para su venta allí, así como
CDs / MP3 y videos / MP4.

Centros de meditación Vipassana

Los cursos de meditación Vipassana en la tradición de Sayagyi U Ba Khin tal como es enseñado por S. N. Goenka, se llevan a cabo regularmente en muchos países.

En el sitio web de Vipassana: *www.dhamma.org* encontraréis toda la información, calendario de cursos, y formularios de inscripción para todos los centros del mundo.

Acerca de pariyatti

Pariyatti se dedica a proporcionar acceso fácil a las enseñanzas auténticas del Buddha, así como a la teoría (*pariyatti*) y la práctica (*paṭipatti*) del Dhamma de la meditación Vipassana. Pariyatti es una organización clasificada como sin ánimo de lucro de USA 501 (c) (3) desde 2002. Pariyatti se mantiene por contribuciones de individuos que aprecian y quieren compartir el valor incalculable de las enseñanzas del Dhamma. Te invitamos a visitar *www.pariyatti.org* para conocer nuestros programas, servicios y maneras de apoyar con las publicaciones y otros proyectos.

Editoriales Pariyatti

Vipassana Research Publications (se centran en Vipassana como enseñó S.N. Goenka, en la tradición de Sayagyi U Ba Khin)

BPS Pariyatti Editions (títulos seleccionados de la Sociedad de Publicaciones Budistas, co-publicados por Pariyatti)

MPA Pariyatti Editions (títulos seleccionados de la Myanmar Pitaka Association, co-publicados por Pariyatti)

Pariyatti Digital Editions (títulos de audio y video, incluyendo discursos)

Pariyatti Press (títulos clásicos re-impresos y escritos inspiradores por autores contemporáneos)

Pariyatti enriquece el mundo:

- diseminando las palabras del Buda
- proporcionando sustento al viaje del buscador
- iluminando el camino del meditador